Era tiempo para empezar a
arar los campos.

Hoy es una celebración que dura
cuatro días. Para prepararse, la
gente limpia sus casas.

EL AÑO NUEVO CHINO

Escrito por Fiona Reynoldson y Jane Shuter
Ilustrado por Belinda Lyon
Escrito en español por Mary Cappellini

El Año Nuevo Chino empieza en enero o febrero. En el pasado significaba que terminaba el invierno.

Ellos pagan todas sus cuentas.

Los niños se visten con ropa nueva.

¡Es un tiempo divertido!

En la noche de año nuevo la
familia cena en su casa.

Al día siguiente ellos visitan a sus
amigos y parientes.

Los niños reciben dinero en
sobres rojos.

Los niños dan naranjas a sus
padres.

恭喜發財

Kung hay fat choy.